BEI GRIN MACHT SICH IHR WISSEN BEZAHLT

- Wir veröffentlichen Ihre Hausarbeit,
  Bachelor- und Masterarbeit

- Ihr eigenes eBook und Buch -
  weltweit in allen wichtigen Shops

- Verdienen Sie an jedem Verkauf

Jetzt bei www.GRIN.com hochladen und kostenlos publizieren

Dirk Feldmann

Frisbee spielen – aber sicher! Wir lernen den (langsamen) Rückhandwurf

4. Klasse, Fach Sport der Grundschule

GRIN Verlag

Bibliografische Information der Deutschen Nationalbibliothek:

Die Deutsche Bibliothek verzeichnet diese Publikation in der Deutschen National-
bibliografie; detaillierte bibliografische Daten sind im Internet über http://dnb.d-
nb.de/ abrufbar.

Impressum:

Copyright © 2012 GRIN Verlag GmbH
Druck und Bindung: Books on Demand GmbH, Norderstedt Germany
ISBN: 978-3-656-36621-8

Dieses Buch bei GRIN:

http://www.grin.com/de/e-book/202628/frisbee-spielen-aber-sicher-wir-lernen-den-
langsamen-rueckhandwurf

GRIN - Your knowledge has value

Der GRIN Verlag publiziert seit 1998 wissenschaftliche Arbeiten von Studenten, Hochschullehrern und anderen Akademikern als eBook und gedrucktes Buch. Die Verlagswebsite www.grin.com ist die ideale Plattform zur Veröffentlichung von Hausarbeiten, Abschlussarbeiten, wissenschaftlichen Aufsätzen, Dissertationen und Fachbüchern.

Besuchen Sie uns im Internet:

http://www.grin.com/

http://www.facebook.com/grincom

http://www.twitter.com/grin_com

Datum: 26. September 2012

vorgelegt von:

im Fach: Sport

Zeit: 11:45 Uhr bis 13:15 Uhr (eine Doppelstunde,

reine Unterrichtszeit ca. 60 min)

Informationen zur Schule:

Name:

Ort:

Schulleiterin:

Informationen zur Lerngruppe:

Klasse: 4a (21 Schülerinnen und Schüler)

Thema der Stunde:

Passen – aber sicher! Wir lernen den (langsamen) Rückhandwurf (*Backhand*)
Die Schülerinnen und Schüler[1] erlernen mit der Technik des Rückhandwurfs den ersten Stan-
dardwurf für das Spiel *Ultimate Frisbee* und versuchen durch Variation verschiedener Wurf-
Parameter[2] das Flugverhalten des Spielgerätes dahingehend zu optimieren, dass mit Blick auf das
Handlungsprodukt ein sicheres Passen und Fangen der *Frisbee* ermöglicht wird.

26.09.2012

---

[1] Im Folgenden durch den Terminus „SuS" zugunsten der Lesefreundlichkeit abgekürzt. Aus Gründen der verein-
fachten Lesbarkeit wird an entsprechenden Stellen zudem auf die geschlechtsneutrale Differenzierung verzichtet.
Entsprechende Begriffe gelten aber im Sinne der Gleichbehandlung grundsätzlich für beide Geschlechter.
[2] z.B. Bewegung des Unterarms, Spin der Frisbee, Neigung des Handgelenks

1. Thema der Unterrichtsreihe: „Zeit, dass sich was dreht!" – Wir erwerben das Frisbee-Diplom

Eine handlungs- und erlebnisorientierte Unterrichtsreihe zur Aneignung des großen Sportspiels *Ultimate Frisbee*, mit dem Ziel, die für dieses Spiel erforderlichen koordinativen Fähigkeiten und spielspezifischen motorischen Fertigkeiten zu erlernen und weitergehend grundlegende taktische Verhaltensweisen anzubahnen.

2. Kurzdarstellung der Unterrichtsreihe

1. Frisbee *spielen? Was wir schon können und was wir noch lernen wollen!*

Sammeln erster Spiel- und Bewegungserfahrungen im Umgang mit dem Spielgerät und Aneignung verschiedener Fangtechniken zum sicheren Umgang mit der *Frisbee* mit Blick auf das Ziel der Unterrichtsreihe und zur Minimierung von Verletzungsrisiken.[3]

2. *Passen – aber sicher! Wir lernen den (langsamen) Rückhandwurf* (Backhand)

Die SuS erlernen mit der Technik des Rückhandwurfs den ersten Standardwurf für das Spiel *Ultimate Frisbee* und versuchen durch Variation verschiedener Wurf-Parameter[4] das Flugverhalten des Spielgerätes dahingehend zu optimieren, dass mit Blick auf die Zielform *Ultimate Frisbee* ein sicheres Passen und Fangen der *Frisbee* ermöglicht wird.

3. *Passen für Experten: Wir lernen den (schnellen) Vorhandwurf* (Sidearm)

Vertiefung der Bewegungsabläufe beim Rückhandwurf und Erwerb der technischen Voraussetzungen für das Spielen eines (schnellen) Vorhandpasses zur Steigerung der taktischen Variabilität bei kleineren, mannschaftsbasierten Übungsformen, welche das große Sportspiel *Ultimate Frisbee* schrittweise anbahnen sollen.

4. *Täusche deinen Gegner! Wir lernen verschiedene Trickwürfe*

Selbstständige, materialgestützte Aneignung weiterer Wurf-Varianten (z.B. des *Overhead*-Wurfs) zwecks Verbesserung der motorischen Fähigkeiten und Steigerung der taktischen Tiefe bei o.g. mannschaftsbasierten Übungsformen.

5. Spirit of the Game – *Miteinander gegeneinander spielen*

Einführung der Übungsform „Zehner-Frisbee" zwecks spielerischer Einführung in das Regelwerk von *Ultimate Frisbee*, welches als oberste Prämissen unbedingte Fairness und den Respekt vor dem Gegner einfordert.

6. *Wir spielen* Ultimate Frisbee (I)

Unter Rückgriff auf die bereits erworbenen (motorischen, taktischen und konditionellen) Fähigkeiten spielen die SuS erstmalig die Zielform *Ultimate Frisbee* unter Berücksichtigung der international gültigen Spielregeln, um darauf aufbauend die Bedeutung von innerhalb der Mannschaft festgelegten Taktiken zu erfahren und für sich zu reflektieren.

7. *Wir spielen* Ultimate Frisbee (II)

Die SuS vertiefen den Erwerb taktischer Kenntnisse und sozialer Kompetenzen, indem sie das Spiel *Ultimate Frisbee* in unterschiedlichsten Mannschaftskonstellationen gegeneinander spielen und hierbei strittige Spielsituationen – gemäß der Spielregeln – eigenständig klären. Mit Blick auf die im Zuge der Reihe erworbenen Kompetenzen erhalten die SuS das sog. „Frisbee-Diplom".

---

[3] Vgl. bezüglich der potenziellen Verletzungsrisiken beim Umgang mit dem Spielgerät *Frisbee*: Kunert: Frisbee-Scheiben im Schulsport, S. 16.
[4] z.B. Bewegung des Unterarms, Spin der Frisbee, Neigung des Handgelenks

3. Schwerpunktziel der Stunde

Das übergeordnete Ziel der hier beschriebenen Unterrichtsstunde besteht darin, dass die SuS die notwendigen **koordinativen und motorischen Fähigkeiten** erwerben, welche sie benötigen, um einen **präzisen Rückhandpass** spielen zu können, indem sie (möglichst systematisch) Veränderungen hinsichtlich der Wurf-Parameter herbeiführen, etwaige Veränderungen des Flugverhaltens des Sportgerätes wahrnehmen und hierdurch einen Kompetenzzuwachs erfahren, welcher es ihnen ermöglicht, verschiedene Vorformen des Spiels *Ultimate Frisbee* dergestalt zu bewältigen, dass neben **körperlichen Aspekten** (Motorik, Ausdauer, Koordination) vor allem auch **sozial-emotionale Aspekte** wie Spielfreude und Selbstwirksamkeitserfahrungen in den Fokus der kindlichen Wahrnehmung gerückt werden.

4. Didaktische Schwerpunktsetzung

4.1 Bezug zu Richtlinien und Lehrplänen

Mit Blick auf **Richtlinien und Lehrpläne** kann der Unterrichtsgegenstand anhand der Kompetenzerwartungen im Bereich „Spielen in und mit Regelstrukturen – Sportspiele" des Lehrplans für das Fach Sport legitimiert werden; als maßgebliche **Kompetenzerwartung** für die vorliegende Unterrichtsstunde lässt sich anführen, dass die SuS spielspezifische motorische Fertigkeiten, Voraussetzungen sowie grundlegende taktische Verhaltensweisen (für das Spiel *Ultimate Frisbee*) erwerben sollen.[5] Des Weiteren versucht die vorliegende Stunde der Forderung des Lehrplans gerecht zu werden, schrittweise bei *allen* SuS die Voraussetzungen für die (erfolgreiche) **Bewältigung eines komplexen Regelspiels** zu schaffen.[6] Der Rückhandpass stellt sich als ein Wurf da, der selbst mit relativ geringen motorischen Vorerfahrungen dergestalt bewältigt werden kann, dass der Pass seine Zielzone erreicht. Selbstverständlich impliziert dies aber auch, dass die SuS die betreffende Wurftechnik ihrem jeweiligen Leistungsstand entsprechend ausreichend *üben* müssen, weshalb der Rückhandwurf in den nachfolgenden Stunden immer wieder geübt werden wird. Das für die vorliegende Unterrichtsreihe als Handlungsprodukt ausgewählte große Sportspiel *Ultimate Frisbee* gewährleistet durch seine besondere Regelstruktur, dass alle Kinder mitspielen, Spielfreude erleben und dem **Prinzip des Fair-Spielens** folgen können.[7] Damit leistungsstärkere und leistungsschwächere Kinder in heterogenen Spielgruppen erfolgreich zusammen spielen können, spielt die **mannschaftsinterne Kommunikation** eine entscheidende Rolle; es muss über individuelle Stärken und Schwächen innerhalb einer Spielgruppe kommuniziert werden, daraus resultierend müssen Spielrollen übernommen, akzeptiert und ausgefüllt werden, um mannschaftsdienlich zu spielen.[8]

4.2 Gegenwarts- und Zukunftsbedeutung des Unterrichtsgegenstandes

Der Stundeninhalt stellt sich zunächst **als gegenwärtig bedeutsam** mit Blick auf das Handlungsprodukt dar: Die Zielform *Ultimate Frisbee* kann nur dann gespielt werden und den SuS Spielfreude vermitteln, wenn das Sportgerät sicher gepasst und gefangen werden kann; der Rückhandwurf mit einem hohen *Spin* garantiert – korrekt ausgeführt – eine lange Gleitphase und ein sicheres und verletzungsfreies Aufnehmen der *Frisbee* aus der Luft.[9] Damit die SuS auch **zukünftig** Interesse/Neugier gegenüber sportlichen Betätigungen zeigen, eignet sich das angesprochene Spielgerät optimal: Die *Frisbee*-Scheibe stellt eine gute Alternative zum sportspieldominierenden Ball dar und gibt gerade jenen Lernenden eine neue Chance, die mit dem Ball Schwierigkeiten haben. Der Grundwurf (Rückhandwurf) ist tatsächlich „kinderleicht". Kin-

---

[5] Vgl. Ministerium für Schule und Weiterbildung des Landes Nordrhein-Westfalen: Richtlinien und Lehrpläne für die Grundschule in Nordrhein-Westfalen, S. 117.
[6] Vgl. ebd.
[7] Vgl. ebd., S. 129.
[8] Vgl. ebd. S. 138.
[9] Vgl. Scheruga, Peter: „ULTIMATE – Frisbee in der Schule", S. 3.

der jeglichen Alters lernen diesen Wurf sehr schnell, womit frühzeitig im Lernprozess erfolgreiches Handeln ermöglicht wird, was Bestätigung und zusätzliche Motivation mit sich bringt.[10] Motivation und Spielfreude entspringen auch im Sportgerät, mit seinen variierenden Flugeigenschaften, selbst; die Möglichkeiten der *Frisbee* wollen von den Kindern erprobt, und das neue Gerät beherrscht werden. Dieser **erlebnisorientierte Ansatz** fördert somit nicht nur das Selbstvertrauen der SuS, sondern auch die Neugier auf weitere, ihnen nicht bekannte sportliche Betätigungen.

4.3 Didaktische Prinzipien

Die oben beschriebene Unterrichtseinheit bzw. diese Stunde berücksichtigt – wenn auch nicht im vollen Umfang – das **Prinzip der Handlungs- und Produktionsorientierung**. Handlungsorientierter Unterricht geht im Idealfall von einem konkreten Problem aus (hier: Wie können wir uns der Idealform des Sportspiels *Ultimate Frisbee* nähern?), für dessen Bewältigung die Lernenden eine zielgerichtete Planung entwickeln und auf ihre individuellen Kompetenzen zurückgreifen müssen.[11] Auch wenn die Planung der Reihe in diesem Fall von der Lehrkraft konzipiert wurde, so haben die SuS doch ein klares Ziel vor Augen: Der Erwerb verschiedener Wurf- und Fangtechniken, sowie taktisches Verständnis sind Voraussetzungen, um *Ultimate Frisbee* in seiner Zielform spielen zu können. Das sog. „Frisbee-Diplom" kann von den SuS nur erworben werden, wenn die für das Spiel benötigten Kompetenzen im ausreichenden Rahmen vorhanden sind. Angesichts des Schwerpunktziels der vorliegenden Unterrichtsstunde kommt dem **Lernen durch Wahrnehmen und Beobachten** eine besondere Bedeutung zu. Ausgehend von einer konkreten Problemstellung (Wie kann ich (m)einen Rückhandwurf optimieren?) sollen sich die SuS in Kleingruppen bei der Ausführung von Rückhandwürfen korrigieren und optimieren. Das hier beschriebe Prinzip wird in der Sportdidaktik auch als *Coaching* beschrieben.[12]

Des Weiteren spielt für die vorliegende Sportstunde das **Konzept des Genetischen Lernens** nach Wagenschein eine nicht unbedeutende Rolle. Die Anwendung komplizierter Techniken in komplexen Spielsituationen kann im Anfängerbereich nicht funktionieren. Die Lösung heißt Reduktion; bei der Art der Reduktion soll aber das Spielerlebnis weitgehend erhalten bleiben. „Spielhandeln" bedeutet: immer wieder neue Versuche zu unternehmen, Wagnisse einzugehen, eigene Lösungswege zu suchen, Misserfolge und Erfolge zu haben und daraus direkt die Bedeutung der getroffenen Entscheidungen zu erkennen: *Was hat funktioniert und was hat nicht funktioniert?*

Nicht zuletzt berücksichtigt die vorliegende Unterrichtsstunde das Prinzip des **sozialen Lernens**: Die SuS lernen nicht nur miteinander, sondern auch voneinander; die individuellen Stärken der Kinder sollen sich bei der Gruppenarbeit ergänzen.[13]

4.4 Didaktisches Material / Funktion von Leitmedien

Zu Beginn der Unterrichtsstunde werden die Kinder direkt in **Kontakt mit dem Sportgerät** gebracht; bereits während des Erwärmens entsteht Motivation und Vorfreude, indem die Kinder die *Frisbees* zwar berühren, aber nicht damit passen/werfen dürfen. Im weiteren Verlauf der Stunde kommt dem Medium der **(Fach-)Sprache** eine große Bedeutung zu: Die SuS erlernen die einzelnen Phasen des Rückhandwurfs durch das Beobachten der Bewegungsmuster der Lehrperson und ahmen diese nach. Jede Bewegungsphase wird durch direkte Instruktionen begleitet. Während der Phase des Coaching in den Kleingruppen spielt neben der Sprache ein weiteres Medium eine wichtige Rolle: Der coachende Schüler ist mit Hilfe einer **Tipp-Karte** in der Lage, den beiden Kindern, welche die Trainingsübung durchführen, (phasengenau) Optimierungsmöglichkeiten anzubieten. Zudem bietet ein **Plakat** den jeweils beobachten-

---

[10] Vgl. Böttcher: Ultimate Frisbee - Ein genetisches Unterrichtskonzept, S. 12.

[11] Vgl. Gudjons: Handlungsorientiert lehren und lernen, S. 79-92.

[12] Vgl. Lengemann, Andreas: Aufbaumodul ÜL-C-Ausbildung, S. 127.

[13] Vgl. Fölling-Albers, Maria: Soziales Lernen in der Grundschule, abgerufen unter: URL http://familienhandbuch.de/cmain/f_Aktuelles/a_Schule/s_300.html, 16.10.2011, um 23:56 Uhr.

den/beratenden Kindern die Möglichkeit, ihre Beobachtungen mittels einer adäquaten Fachsprache zu verbalisieren.

4.5 Differenzierungsmaßnahmen (innere Differenzierung)

4.5.1 Bedingungsanalyse zur Lernumgebung und pädagogische Konsequenzen

Die Murmke-Turnhalle der Stadt Balve besitzt lediglich eine sehr **geringe Ausstattung an Sportgeräten**; große Sportspiele wie beispielsweise Basketball oder Fußball lassen sich nicht realisieren, da die benötigten Sportgeräte entweder gar nicht oder in nicht ausreichender Anzahl vorhanden sind, um ganze Übungsreihen zu einem Sportspiel durchführen zu können. Oft muss die Lehrkraft improvisieren oder die benötigten Sportgeräte ausleihen oder durch die Schule anschaffen lassen. Für die SuS der Klasse 4 ist die Reihe zum Thema *Ultimate Frisbee* somit die erste Unterrichtsreihe zu einem großen Sportspiel. Die Räumlichkeiten der Sporthalle stellen sich als relativ beengt dar, was **offene Lernformen** wie beispielsweise Lernen an Stationen von vorne herein (fast) unmöglich macht. Da die Halle auch von anderen Schulen genutzt wird, ist es nicht möglich, **dauerhafte Lernspuren** mit den SuS zu erarbeiten und diese in der Halle verbleiben zu lassen; zudem ist die beschriebene Klasse das Arbeiten mit schriftlich fixierten Lernspuren (z.B. Lernplakate, Reihentransparenz,...) nicht gewohnt. Aufgrund der ungünstigen räumlichen Bedingungen war das Erlernen von beispielsweise Bewegungsabläufen oder Spielzügen bisher stets durch direkte Instruktion gekennzeichnet. Die Lehrkraft oder ausgewählte Kinder führen eine Übung oder einen Ablauf erst vor, bevor die übrigen SuS aktiv werden können. Auch wenn es aus pädagogischer Sicht effektiver wäre, wenn die Kinder sich einen (sportlichen) Sachverhalt selbstständig aneignen würden, so ist dies nur in Ausnahmefällen möglich. Angesichts des Umgangs mit einem Sportgerät wie der *Frisbee,* bei dem ein Potenzial für Sportverletzungen besteht, erscheint das Erlernen einer sportlichen Technik **mittels direkter Instruktion** in der Grundschule somit legitim.[14]

4.5.2 Lernvoraussetzungen der Schülerinnen und Schüler

Die unter Punkt 4.1 aufgeführten Kompetenzerwartungen sollen von den SuS in der vorliegenden Lernsequenz auf unterschiedlichen Wegen erreicht werden können. Die unter Punkt 4.5.3 aufgeführten Differenzierungsmaßnahmen leiten sich aus den nachfolgend aufgeführten Lernvoraussetzungen ab:
Hinsichtlich der **allgemeinen Lernvoraussetzungen** der SuS der Klasse 4 muss zunächst konstatiert werden, dass sich die Klasse in ein relativ leistungsstarkes (Anforderungsniveau III) und ein mittleres sportliches Leistungssegment (Anforderungsniveau II) untergliedert; es ist auffällig, dass es nur wenige Kinder in der Klasse gibt, die *eindeutig* in Anforderungsniveau I einzuordnen wären. Mit Blick auf die **Vorerfahrungen** der Kinder kann ausgesagt werden, dass einem Großteil der SuS das Spiel mit der *Frisbee* bekannt ist; dies bedeutet aber nicht, dass die Kinder das Sportgerät bewusst kontrollieren können oder gar die für ein Sportspiel notwendigen Bewegungsabläufe kennen. Somit ist das Leistungsniveau der Lerngruppe ziemlich homogen. Das Sportgerät wird von den meisten Kindern mit „Spaß" assoziiert, wodurch sich ein guter Ansatzpunkt für den weiteren Lernprozess ergibt. Auch wenn die Motivation der Kinder für das aktuelle Thema als hoch einzustufen ist, so ist das Unterrichten an sich innerhalb der Klasse für alle beteiligten Lehrkräfte schwierig, da die SuS sehr unruhig sind und nicht lange konzentriert und leise an ein und derselben Aufgabe zu arbeiten vermögen. Es ist stets schwierig vorauszusagen, wie die Klasse in bestimmten Situationen reagiert. Eine weitgehende Öffnung des Unterrichts (insgesamt) ist in der Klasse bisweilen nicht möglich, weil bei vielen Kindern das dafür notwendige Maß an Selbstständig-

---

[14] Vgl. Reich: Frisbee-Flugscheiben im Sportunterricht, S. 10

keit noch nicht ausreichend vorhanden ist. Das **Arbeiten in kooperativen Lernformen** gestaltet sich nur selten als effektiv, weil die Kinder die hier zum Tragen kommenden Klassenregeln nicht beachten; eine langsame Heranführung an Partnerarbeit hat mittlerweile den Effekt, dass die SuS in kurzen Unterrichtsphasen leise und effektiv mit- bzw. voneinander lernen können. Innerhalb des Unterrichtsgeschehens ist es zuweilen gar notwendig, einzelne Phasen flexibel umzuplanen oder gar abzubrechen, um als Lehrperson Konsequenz und Handlungsfähigkeit zu demonstrieren. Bezüglich des **sachstrukturellen Entwicklungshintergrunds** der Klasse kann die ungewöhnliche Beobachtung gemacht werden, dass weit über die Hälfte der SuS auf der Stufe des anschaulichen Denkens agiert – dies bedeutet, dass die oben angesprochene Form der direkten Instruktion (nach dem Schema „vormachen - nachmachen") für diesen Teil der Kinder die ideale Methode zu Vermittlung darstellt. Nur einige Kinder weisen einen alterstypischen Entwicklungsstand auf und sind zu konkret-operationalen Denkprozessen in der Lage.[15] Die genannten Kinder wären also theoretisch in der Lage, sich über Texte oder Bilder den Rückhandwurf anzuzeigen,

Im Folgenden soll nun auf die **speziellen Lernvoraussetzungen** (gegliedert nach Anforderungsbereichen) eingegangen und daraus resultierende, notwendige Differenzierungen im Lernangebot begründet werden. Die nachfolgende tabellarische Darstellung verdeutlicht die jeweiligen Lernbedingungen der SuS sowie deren Berücksichtigung im Zuge der Planung der Unterrichtsstunde:

Anforderungs-bereiche[16]	Konkretisierung
AB Wiedergeben	Reaktivierung von Inhalten aus dem Bereich Sport fällt schwer; wenige Bewegungserfahren im Alltag; das Sportgerät wird noch nicht adäquat beherrscht; Anleitung für sportliche Übungen vonseiten der Lehrkraft durch direkte Instruktion Voraussetzung für selbstständiges Arbeiten; häufige Korrekturen, vor allem aber positive Verstärkung absolut notwendig; Schwierigkeiten beim Reflektieren von Lernfortschritten;
AB Zusammenhänge herstellen	Rückgriff auf in der vergangenen Sequenz erarbeitete Inhalte möglich; relativ selbstständige Auseinandersetzung mit einer sportlichen Übung – eventuelle Korrekturen durch die Lehrkraft notwendig; können Beobachtungen zu Bewegungsabläufen (ggf. mit Hilfestellung) verbalisieren; erreichen das Schwerpunktziel der Stunde unter Zuhilfenahme verschiedener Differenzierungsangebote; nehmen möglicherweise quantitative Differenzierung in Anspruch;
AB Reflektieren und Beurteilen	Schnelle und sichere Reaktivierung und Anwendung bisheriger Lernbestände; zügige und selbstständige Auseinandersetzung mit Problemstellung; Wahrnehmen quantitativer Differenzierung wahrscheinlich; systematische Gestaltung des Arbeitsprozesses mitsamt präziser Ausführung der Übungen; geben dezidierte Rückmeldung und Optimierungsvorschläge; können ihren Lernfortschritt reflektieren;

Im Weiteren möchte ich kurz auf einige Kinder eingehen, denen bei der Planung und Durchführung des Unterrichts besondere Beachtung zuteilwerden muss:

Der Schüler X..leidet sowohl unter dem Asperger-Syndrom als auch unter ADHS und hat daher zuweilen große Probleme effektiv mit anderen Kindern zusammenzuarbeiten, obwohl andere Kinder ihn in seiner Art akzeptieren. X. hatte bis Mitte des dritten Schuljahres kaum sportliche Bewegungserfahrungen vorzuweisen. Mittlerweile ist er motiviert, dem Sportunterricht über weite Strecken zu folgen. X. muss oft davon überzeugt werden, eine sportliche Übung zu beginnen. Meist machen ihm Übungen Spaß, in denen es um läuferische Tätigkeiten geht. Der nächste Schritt in X.' Entwicklung besteht darin, Misserfolgserlebnisse im Sport adäquat zu verarbeiten: Momentan kann er mit Misserfolgen relativ schlecht umgehen, sodass er sich zeitweilen auf die Bank setzt und enttäuscht ist. Manchmal verleiht er seiner Enttäuschung

---

[15] Vgl. Demuth /Rieck /Kleinert: Die Bedeutung entwicklungspsychologischer Konzepte im Unterricht, S. 57.
[16] Vgl.: Ministerium für Schule und Weiterbildung des Landes NRW. Kompetenzorientierung – Eine veränderte Sichtweise auf das Lehren und Lernen in der Grundschule. Materialien. Handreichung. In: Schule in NRW Nr. 9043, S. 33ff.

auch lautstark Ausdruck und wird in Ausnahmefällen aggressiv. Das Sportgerät *Frisbee* erscheint ihm sehr fremd, was in der letzten Sportstunde dazu führte, dass er zwei Übungen komplett verweigerte. Für X. wurde eine spezielle Frisbee angeschafft, um ihm möglichst viele Erfolgserlebnisse zu verschaffen; falls die Zusammenarbeit mit anderen Kindern nicht möglich sein sollte, darf X. in einem abgetrennten Bereich sein spezielles Sportgerät erproben.

Der Schüler **O.** hat über weite Strecken des Unterrichts Schwierigkeiten, mündlichen Anweisungen Folge zu leisten. Im Zusammenwirken mit **T.** resultieren oft immense Unterrichtsstörungen. Der Schüler **T.** hält sich nur selten an die vereinbarten Sportregeln und zeigt zeitweilen Aggressionen gegenüber anderen Kindern. Auch der Schüler **B.** versucht oft, seine Grenzen auszutesten; er versucht, gerade wenn **T.** abwesend ist, dieses „Machtvakuum" zu füllen, indem er die für den Sport geltenden Regeln verletzt und andere Kinder auffordert, ihm dies gleichzutun. Die Schülerinnen **R.** und **D.** weisen große motorische Defizite auf; für sie ist das Werfen und Fangen einer Frisbee über weitere Distanzen eine große Herausforderung. Trotzdem lassen sie sich nicht entmutigen. **J.** und **V.** sind im Fach Sport als sehr leistungsstark einzustufen; die Angebote der Stunde müssen also so gewählt werden, dass die betreffenden Kinder sich nicht unterfordert fühlen.

4.5.3 Differenzierung

Eine erste Differenzierung erfolgt zunächst auf **medialer Ebene**[17] dadurch, dass verschiedenartige Sportgeräte angeboten werden: Kleinere, leichtere *Frisbees* für Kinder einerseits, normierte, schwerere *Wettkampffrisbees* andererseits und als letztes eine spezielle Flugscheibe aus Hartgummi, mit der schnell große Weiten erzielt werden können. Im Rahmen der Erwärmungsphase dürfen die Kinder ihr Tempo und ihren Rhythmus selbst bestimmen, es erfolgt also eine **quantitative Differenzierung**.

Die SuS, die in der o.g. Tabelle **Anforderungsbereich 1** zugeordnet wurden, haben Schwierigkeiten, Aufgabenstellungen zu verstehen, deren Format ihnen bisher unbekannt ist. Für diese Kinder ist es generell notwendig, das **Probehandeln** – das heißt die schrittweise Heranführung an den Rückhandwurf – ausführlich zu gestalten und mit **Anschauungsmaterialien** zu arbeiten, damit Aufgabenstellungen mit Sinn gefüllt werden können. Als bereitstehende Anschauungsmaterialien sind spezielle Bildkarten sowie ein Plakat zu nennen. Diese SuS denken und arbeiten größtenteils auf konkret-anschaulicher Ebene, sodass es z.B. notwendig sein wird, den in der Arbeitsphase zentralen Handlungsablauf zu **simulieren**. Darüber hinaus muss die Lernumgebung (Darstellung zentraler Bewegungselemente in **Bildern/Piktogrammen**, **Tippkarten**,) **medial bzw. qualitativ differenziert** werden. Im Verlauf der Stunde sollen sich die SuS in Dreiergruppen zusammenfinden; die Zusammensetzung der Gruppen bleibt den Schülern überlassen, sodass sich wahrscheinlich **leistungshomogene Gruppen** bilden werden. Da sich die Kinder bei der Methode des Coaching innerhalb der Kleingruppen selber korrigieren und ihre Techniken optimieren, liegt eine **unterstützende Differenzierung** vor.

Diejenigen Kinder, die auf **Anforderungsniveau 2** arbeiten, dürften mit der Durchführung der Übungen zum Rückhandwurf ausgelastet sein. Vereinzelt könnte auch hier die Nutzung des genannten Plakats oder der Tippkarten notwendig sein, um die gemachten Beobachtungen verbalisieren zu können.

Einigen der leistungsstärksten SuS (**Anforderungsniveau 3**) wird es ggf. gelingen, die verschiedenen Übungen zum Rückhandwurf relativ schnell und sicher zu absolvieren. Eine **quantitative Differenzierung** erscheint notwendig, um das Aktivitätsniveau dieser Kinder konstant zu halten. Die erste **weiterführende Aufgabe** besteht darin, den Rückhandwurf dahingehend abzuwandeln, dass er für einen potenziellen Gegner schwerer auszurechnen ist.

---

[17] Vgl. Maras/Ametsbuchler/Eckert-Kalthoff: Handbuch für die Unterrichtsgestaltung in der Grundschule, S.88.

5. Tabellarische Übersicht über den geplanten Unterrichtsverlauf

26. September 2012, 11:45 bis 13:15 Uhr

1. Handlungssituation: Initialphase	Didaktischer / methodischer Kommentar
Die Lehrkraft begrüßt die SuS.	Die Lehrkraft versammelt die SuS und wartet ab, bis Ruhe eingekehrt ist. Anschließend erfolgt die Begrüßung.
Die SuS reaktivieren ihr Vorwissen.	Die Kinder sollen – in Ermangelung einer schriftlich fixierten Übersicht der Unterrichtsreihe – das Thema und Ziel, sowie die bisherigen Inhalte der Unterrichtsreihe benennen.
Die Lehrkraft gibt einen Überblick über die Inhalte der Stunde.	Die Stundentransparenz informiert die Kinder über den Ablauf und das Ziel der heutigen Stunde und ermöglicht es ihnen, sich auf die Inhalte der Stunde einstellen zu können. Hierdurch sollen die Kinder selbstständiger und organisierter arbeiten können.
Die Lehrkraft leitet die erste Phase zur Erwärmung ein.	Im Vorfeld hat die Lehrkraft auf dem Boden der gesamten Halle *Frisbees* verteilt. Die Lehrkraft fordert die Kinder auf, sich zur Musik durch die Halle zu bewegen. Wenn die Musik pausiert, sollen die Kinder sich eine Frisbee aussuchen, welche sie solange berühren, bis die Musik weiterläuft.
Die Lehrkraft leitet die zweite Phase zur Erwärmung ein.	Für die zweite Erwärmungsphase spielen die Kinder das Spiel „Frisbee-Fließband": Es werden halb so viele Spielgeräte ausgeteilt, wie SuS anwesend sind. Die Kinder, welche eine Frisbee haben, sollen während des Umherlaufens in der Halle versuchen, ihre Frisbee möglichst schnell an ein anderes Kind ohne Frisbee abzugeben.

2. Handlungssituation: Erarbeitungsphase	Didaktischer / methodischer Kommentar
Die Lehrkraft versammelt die SuS in einem Stehhalbkreis und erläutert die Bewegungsfolge beim Rückhandwurf..	Die Organisationsform des Halbkreises ermöglicht allen SuS einen guten Blick auf die Lehrkraft, welche schrittweise die Bewegungsabfolgen des Rückhandwurfes zeigt und von den SuS nachmachen lässt. Hierbei teilen sich immer zwei Kinder ein Sportgerät und korrigieren ihre Bewegungsabläufe.
Die SuS erproben den neuen Bewegungsablauf.	Zur Erprobung des neuen Standardwurfes teilen sich die Kinder in drei Gruppen auf und versuchen unterschiedlich weit entfernte Ziele (Matten, Kisten,...) zu treffen, welche sie selbst aufgebaut haben.
Die SuS räumen die Geräte wieder weg und teilen sich in Dreiergruppen auf, um die Phase des Coaching zu beginnen.	In den Dreiergruppen coachen sich die Kinder mit Hilfe einer Tipp-Karte gegenseitig, indem sich stets zwei Kinder die Frisbee zuspielen und das dritte Kind Korrekturen vornimmt.

3. Handlungssituation: Schwerpunktabschluss	Didaktischer / methodischer Kommentar
Die SuS kommen im Sitzkreis zusammen und reflektieren ihren Lernfortschritt.	Die SuS tauschen sich darüber aus, welche Lernfortschritte sie erzielt haben, indem sie gelungene Bewegungselemente benennen und Optimierungsvorschläge äußern.

Die SuS spielen als Abschluss „Nummernball".	Die SuS bilden Gruppen von 5-7 Kindern und spielen das Spiel „Nummernball"; pro zehn gefangene Pässe darf sich jede Gruppe einen Punkt anrechnen.
Die SuS führen eine Abschlussreflexion durch.	Mittels „Drei-Finger-Rückmeldung" können die Kinder der Lehrkraft Rückmeldung zu verschiedenen Aspekten der Sportstunde geben.
Lehrkraft und SuS verabschieden sich.	Die Verabschiedung folgt einem ritualisierten Handlungsablauf und gewährleistet, dass sich jedes Kind von jedem verabschieden kann.

6. Anhang:

6.1 Fachwissenschaftliche Analyse des Unterrichtsgegenstandes

Element	Beziehung zwischen den Elementen
Rück-handwurf	Als Rechtshänder zielt die rechte Schulter des Werfers auf den Fänger. Für Linkshänder gilt das Gleiche natürlich umgekehrt. Die Füße stehen etwa hüftbreit, um einen festen Stand für den Wurf zu haben. Rechtshänder nehmen das linke Bein als Standbein, Linkshänder das Rechte. Die Knie ein sind ein wenig gebeugt, damit der Oberkörper nicht zu steif bleibt. Der Arm wird nach hinten gezogen, so dass die Scheibe über dem hinteren Bein ist. Gleichzeitig wird das Gewicht leicht nach hinten verlagert. Der Unterarm ist ungefähr auf Brusthöhe parallel zum Boden, das Handgelenk ist eingerollt. Für den Wurf gilt: Die Kraft für den Wurf kommt nicht alleine aus der Bewegung des (Unter-)Armes, sondern auch aus der Gewichtsverlagerung des Körpers nach vorne. Der Arm schwingt in einer geschmeidigen und sicheren Bewegung nach vorne. Die Scheibe sollte dabei immer ungefähr horizontal zum Boden bleiben. Während des Armvorschwungs verlagert sich das Gewicht auf den vorderen Fuß. Damit unterstützt der ganze Körper den Wurf. Im Abwurfpunkt wird die Scheibe mit einem Impuls im Handgelenk losgelassen. Der Punkt, an dem sie losgelassen wird, bestimmt darüber, in welche Richtung die Frisbee fliegt: nach links, rechts oder geradeaus. Beim Abwurf der Scheibe sollte möglichst viel Schwung aus dem Handgelenk mitgeben werden. Dadurch wird der den Flug stabilisierende *Spin* der Scheibe aufgebaut. Je stärker das Handgelenk nach vorneschnappt, desto mehr *Spin* bekommt die Scheibe und desto besser ist der Wurf.[18]

---

[18] Vgl. Sportuniversität Würzburg: Fachdidaktik-Skript Ultimate Frisbee, S. 10.

7 Literatur und Internetquellen

Demuth, Reinhard/Rieck, Karen/Kleinert, Katrin: Die Bedeutung entwicklungspsychologischer Konzepte im Unterrich.. In: Sache, Wort, Zahl 83(2007), S. 56-59.

Fölling-Albers, Maria: Soziales Lernen in der Grundschule, abgerufen unter: URL: http://familienhandbuch.de/cmain/f_Aktuelles/a_Schule/s_300.html , 24.09.2012, um 23:12 Uhr.

Gudjons, Herbert: Handlungsorientiert lehren und lernen. 7., aktualisierte Auflage. Bad Heilbrunn, 2008.

Hellberg- Rode, Gesine: Entdeckendes Lernen. In: Kaiser, Astrid/Pech, Detlef (Hrsg.): Basiswissen Sachunterricht, Band 2: Neuere Konzeptionen und Zielsetzungen im Sachunterricht. Baltmannsweiler 2005, S. 99-103.

Knauer, Rainald: DJK-Initiative „Ultimate Frisbee". Trier, 2005.

Kunert, M. (2002): Frisbee®-Scheiben im Schulsport – Praxisanleitung. Mainz, o.J.

Maras/Ametsbuchler/Eckert-Kalthoff: Handbuch für die Unterrichtsgestaltung in der Grundschule. Donauwörth, 2010.

Ministerium für Schule und Weiterbildung des Landes Nordrhein-Westfalen: Richtlinien und Lehrpläne für die Grundschule in Nordrhein-Westfalen. Düsseldorf, 2008.

Ministerium für Schule und Weiterbildung des Landes NRW. Kompetenzorientierung – Eine veränderte Sichtweise auf das Lehren und Lernen in der Grundschule. Materialien. Handreichung. In: Schule in NRW Nr. 9043. Frechen, 2009.

Möller, Kornelia: Genetisches Lernen und Conceptual Change. In Kahlert, Joachim (Hrsg.): *Handbuch Didaktik des Sachunterrichts*. Bad Heilbrunn, 2007, S. 258-266.

Reich, Peter: Frisbee – Flugscheiben im Sportunterricht. Karlsruhe, o.J.

Scheruga, Peter: „ULTIMATE – Frisbee in der Schule", S. 3. Wien, o.J.

Spitzer, Manfred: Lernen. Gehirnforschung und die Schule des Lebens. Bad Heilbrunn, 2007.

Sportuniversität Würzburg: Fachdidaktik-Skript Ultimate Frisbee, S. 10. Würzburg, 2002.